大接近！工場見学 ①

おべんとクン ミートボールの工場
〈チルド食品〉

構成・文 高山リョウ　写真 富永泰弘

とり肉、玉ねぎ、パン粉、トマトペースト。ミートボールの原材料。
千葉県にある石井食品の工場では、
いろいろな機械をつかってミートボールをつくっている。

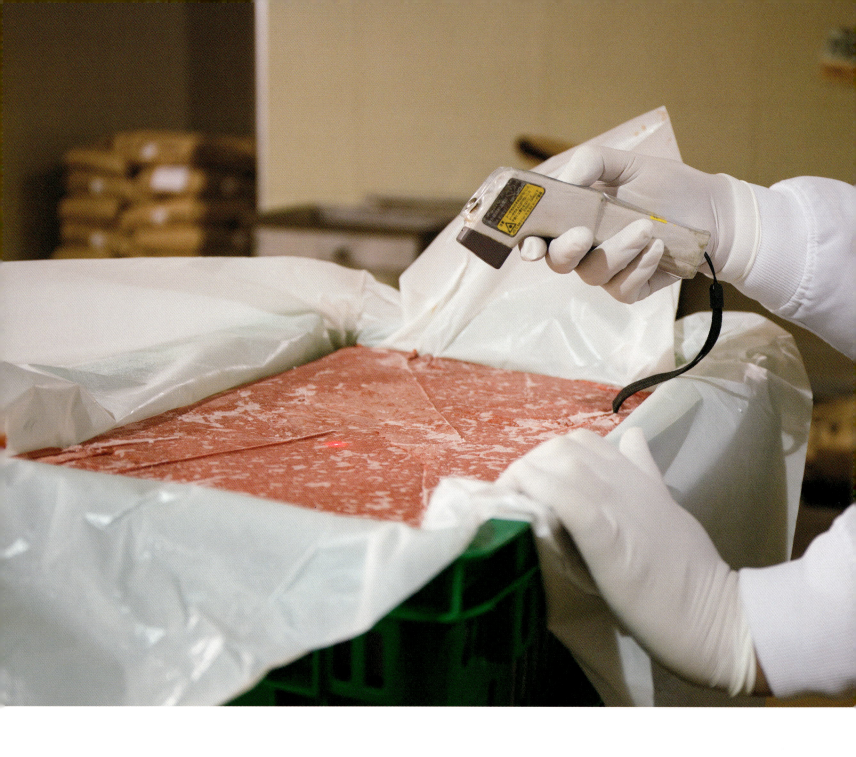

ピッ！ 温度チェック。
新鮮なうちに冷凍されたとりひき肉。

1まい10キログラム、冷凍庫に全部で9トン。
ミートボールがどれだけできるだろう？
これからチョッパーという機械にいれる。

チョッパーは肉をきる。
こおった肉をこんなに細かく、どうやって
きってるんだろう？

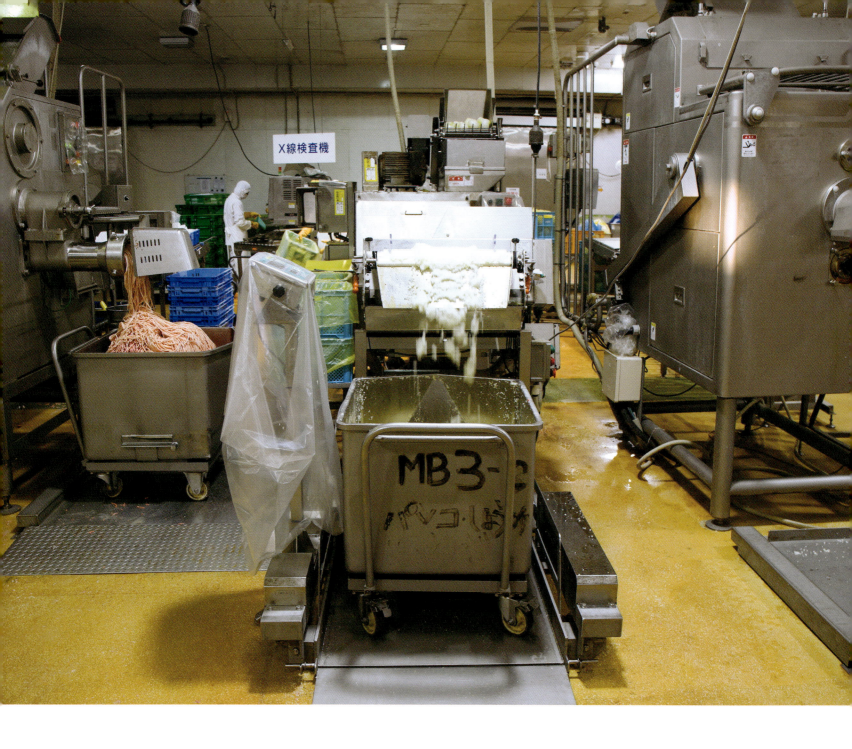

とり肉の次は、玉ねぎとパン粉。
玉ねぎは水であらってきれいにして、みじんぎり。
パン粉は人の手でふるいにかけ、まぜやすくする。

ゴオオオオオオオ……!!!
あちこちにある機械の音がまざって、広いホールになりひびく。

90キロはいるワゴンにパン粉、玉ねぎ、ミンチ肉。
さらにワゴン1台の肉をたして……合計約200キロの材料をこれからまぜる。

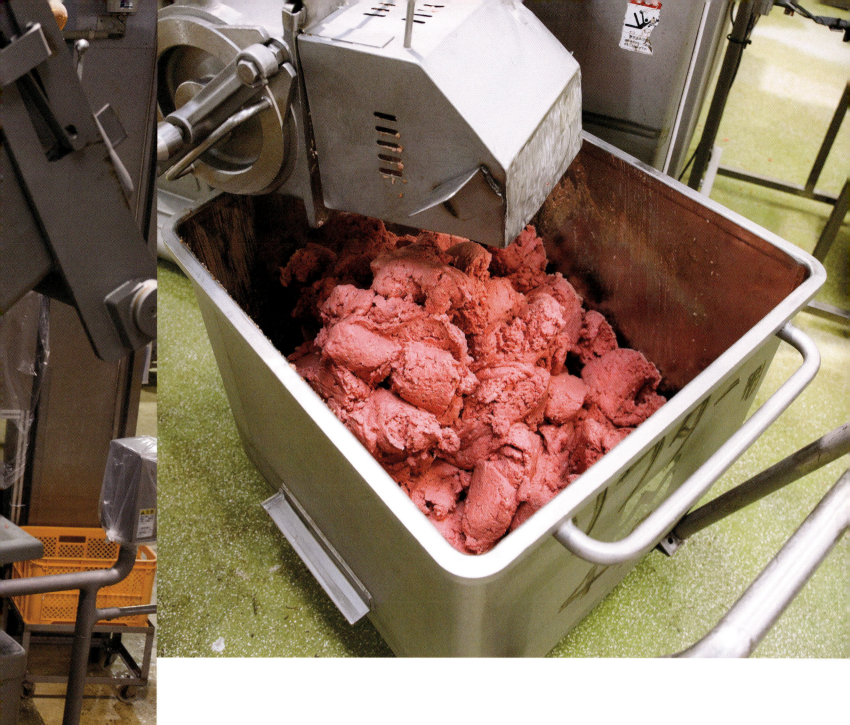

グオングオングオン……
機械のパワーで、約200キロの材料をこねてまぜる。
塩やスパイス、しょうが汁をくわえて3分混合。よくまぜる。
「保存料や添加物をつかわず、手作りの味をめざしてます」
と工場のおじさん。

プシュー、ガタン！ プシュー、ガタン！
あっという間に、ひと口サイズ。
1分間に約1600粒。
ひみつのマシンで材料を、ひとつのこらずタマにする。

とびらをくぐると、モワッとあつい空気。
ここはフライヤー。
ミートボールを油であげる部屋。
約150度の油のプールを3分、
パチパチジュージューながれていく。

あげたてのミートボールを1粒試食。ジュワーとひろがる肉のうまみ。
おいしい！

コロコロコロコロ……まんまるボール。どうやってこの形に？
「油であげただけです」とおじさん。
油であげると肉がしまるから、まるめなくてもまるくなる。
すごい発見だ！

1回の混合でつくられるミートボールは約3万粒。
工場ってすごい。

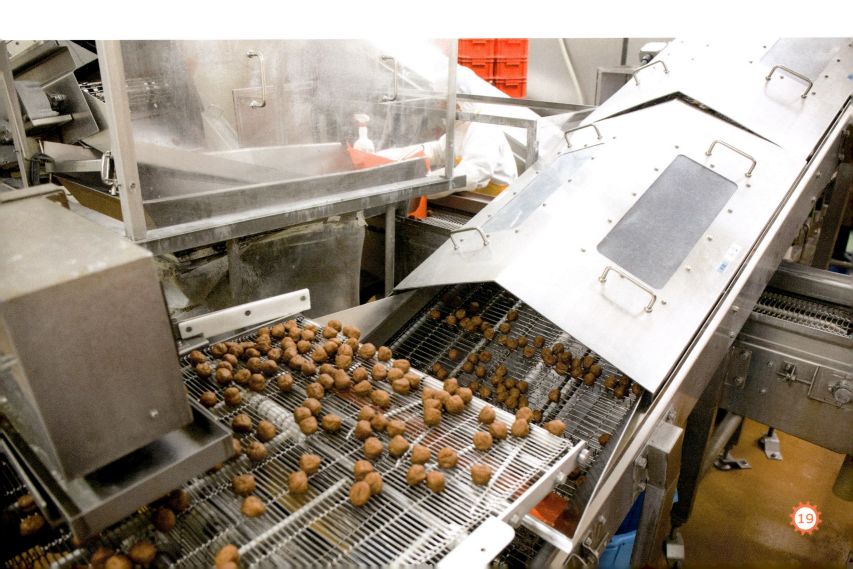

品質チェック。
小さすぎるの、大きすぎるの、こげたやつはアウト。
ゴールキーパーみたいにパッとキャッチ。
みのがさない。

あまずっぱいにおいがツーン。
ここはソース室。ミートボールのソースをつくる。
材料のしょうゆやみりんが、
パイプをとおってながれてくる。
800リットルのソースのもとをスクリュー付きの棒で
グオオォーンとまぜる。

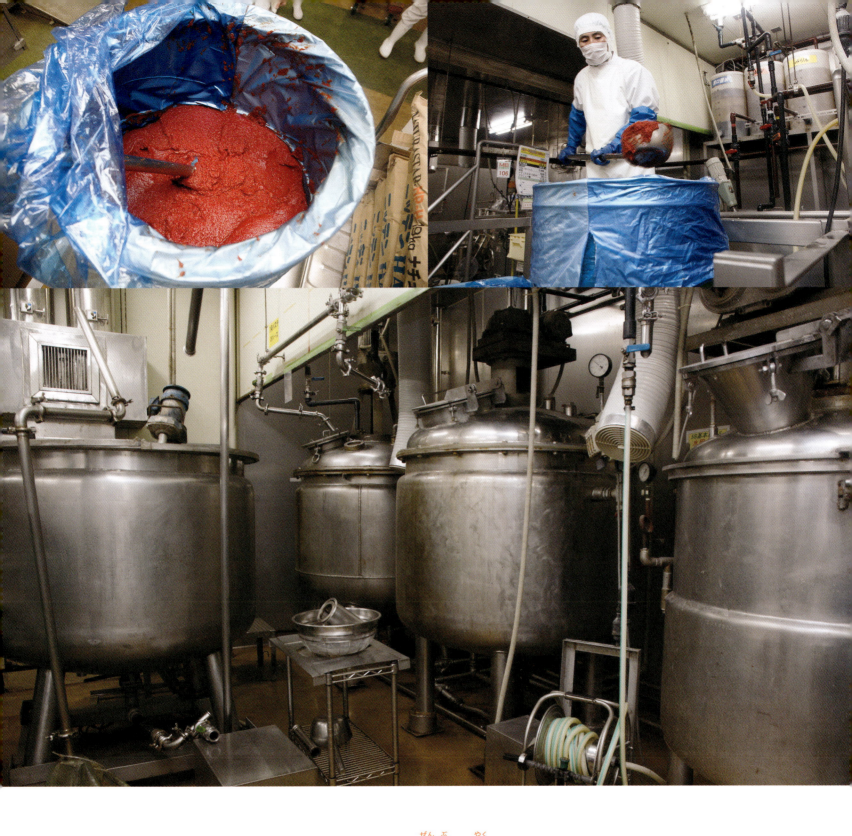

トマトのペーストをたしていく。全部で約240キロ。
ポルトガルの太陽の光をあびてそだった、まっ赤なトマトが原料だ。
ソースにまぜて、大きな釜でにこむ。
じっくりにこむことで、まろやかな味になる。

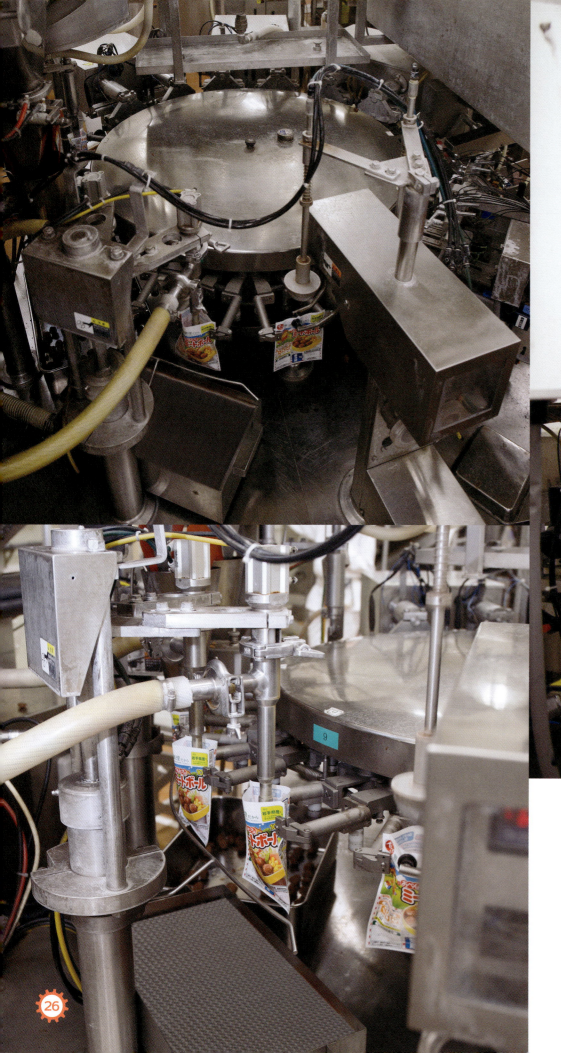

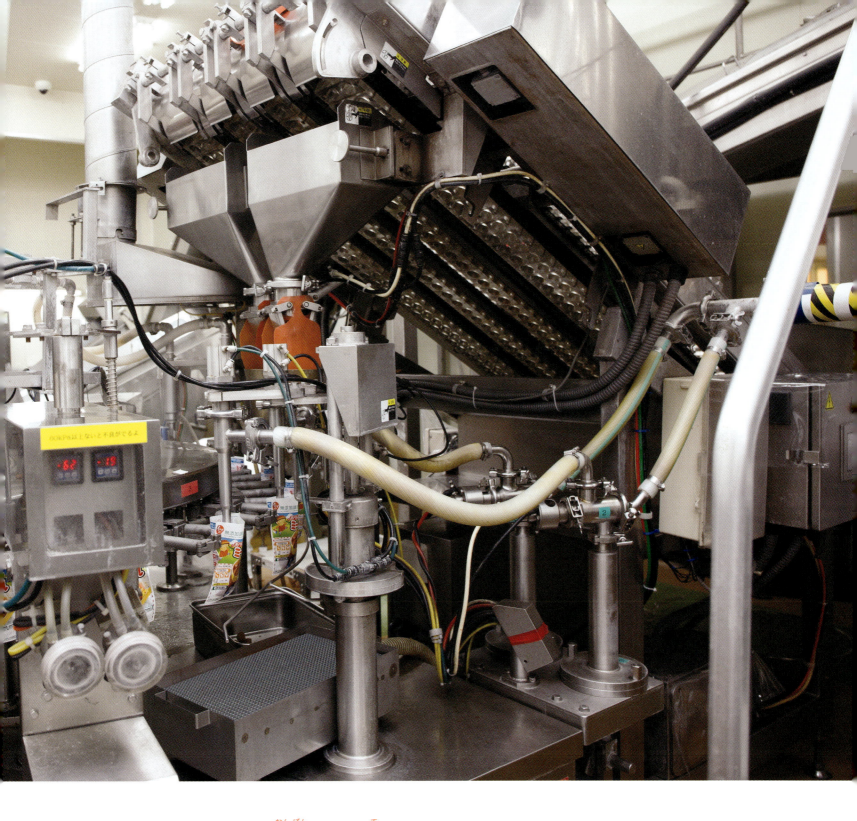

グルッグルッとスピン、何本もある手でだいかつやく！
ソースとミートボールをパックにつめる、すごいマシンの登場。
パックの両はしをつかみ、プシュッとふくらませ、ソース注入！
1パックに10粒、おちてくるミートボールをキャッチ！
さらにパックをシールするなど、ひとり何役もこなす機械だ。

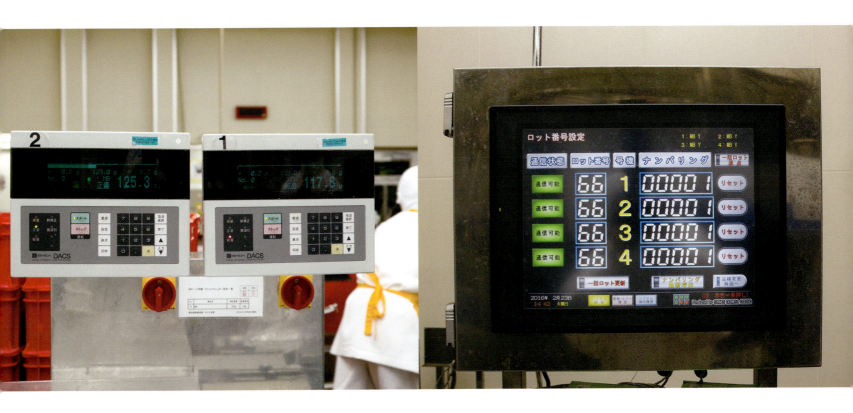

かべの向こうの殺菌・冷却室では、パックされたミートボールを加熱して殺菌中。
菌をやっつける。そして、さらに……。
「じっくり30分加熱することで仕上げの調理もかねています。
肉のうまみや玉ねぎのあまみがでて、ミートボールのおいしさになる」
イシイのおじさんの、味のこだわりだ。

ベルトコンベアがミートボールをはこぶ。
数はそろっているか、異物はまぎれていないか。
外から目と手でたしかめ、パックの中は金属検出器で検査。
安心、安全のために、とことんチェックする。

この日、この工場では約80人の人がはたらいていた。
いろんな機械の力をつかって、14万パック、
つまり140万粒のミートボールをつくった！
さいごにダンボールのはこにつめて、
トラックで全国のお店にはこぶ。

おつかれさまでした。
おなかがすいたね。

工場見学ノート

石井食品株式会社 八千代工場（千葉県）

お肉は国産とり肉100％。あたためるだけで、おいしくたべられるイシイのミートボール。時代にあわせて材料も味つけもかえてきた。今は「素材のよさをいかしたナチュラルな味」になっているという。

歴史

石井食品のミートボールがうまれたのは1974年。40年以上のロングセラー、時代にあわせて工夫と改良をかさねてきた。

最初は大人むけの中華味だったのが、4月と9月の新学期、お弁当シーズンによくうれていることがわかり、子どもむけの味に改良。ソースはトマト味に、大きさは子どものひと口サイズに。こうして1979年、「イシイのおべんとクン ミートボール」として新発売されると大ヒット！

その後も「食品添加物をつかわない」「食物アレルギーの人でもたべられるよう、卵と乳をつかわない」など、時代ごとの改良をかさねてきている。

新鮮な材料

ミートボールにつかわれている肉は、新鮮な国産とり肉。のびのび元気にそだてられた若鶏を使用している。玉ねぎは佐賀や北海道など、季節によって一番よい産地のものをつかっている。パン粉は乳をつかわない特注のもの。小麦粉、砂糖、イースト、食塩だけでつくられている。トマトペーストはポルトガル産のトマトを濃縮したもの。養分たっぷりの土でそだてられている。

材料にこだわっているのは、食品添加物をつかっていないから。味にごまかしがきかないので、新鮮な材料をえらび、そのよさをひきだす工夫をしている。ソースの材料やミートボールの下味につかっているしょうゆやみりんなどの調味料も、家庭でつかっているもの。食品添加物をつかわない、手づくりの味。石井食品がめざしているおいしさだ。

乳アレルギーの人のために、パン粉は乳のはいっていないものを使用している。他にも卵アレルギーの人のため、卵をつかわないなど、材料にはとても気をつけている。

安心、安全

「安心してたべてもらいたい。どんな材料をつかっているのか、しってもらいたい」ミートボールの袋に印刷されている「品質保証番号」と「賞味期限」を石井食品のウェブサイトに入力すると…。原材料の産地や加工日、検査日などがわかる。

ミートボールづくりではおいしさはもちろん、安心、安全に気をつけている。この本の最初にでてきた、とりひき肉の温度チェック。これをパスすると次はX線検査。ひき肉の中に骨などの異物がまざっていないかたしかめる。玉ねぎ、パン粉、調味料の混合。油であげたミートボールの味見、大きさチェック。ソースをまぜる撹拌……すべての作業に担当者がいて、目や手、舌や鼻で品質をたしかめている。

ミートボールの袋には1つ1つちがう番号が印刷されていて、石井食品のホームページでしらべると、材料の情報がズラーっとでてくる。インターネットがつかえる人は、しらべてみよう！

機械もチェックのおてつだい。袋づめされたミートボールの重さをはかり、重すぎるもの、軽すぎるものはコンベアの外にシュート。粒の多い商品、少ない商品がでないよう、目をひからせている。

試食

工場見学では、できたてのミートボールが試食できる。ジュワ～ッとひろがる肉のうまみ。おいしい！　このミートボールはソースでにこむ前の、あっさりとしたしょうゆ風味で、お肉と玉ねぎのおいしさがよくわかる。いい材料つかってる！　かめばかむほど、おいしくなる。イシイのミートボールのおいしさのひみつだ。

1パック10粒。コンピューターが重さをはかって、基準とちがうものは外へ。袋をあけなくても、重さがわかれば全部で何粒はいっているかわかる。ミートボールは全部同じ大きさ、重さだからね。

ロボット

ワゴンではこばれ、ベルトコンベアをながれ、フライヤーのプールをおよいで……ミートボールができるまでの道のりは、まるで旅のよう。そして工場の機械には、ロボットみたいなかっこいいマシンもある。

グルッグルッとスピン、おちてくるミートボールを袋づめするマシンは「充填機」。袋をひらく吸盤、ひらいた袋をふくらませるエアガン、ソース注入器など、いくつもの「手」みたいな器具がついてる。全自動でうごくさまは、SF映画のロボットみたいだ。

充填機がミートボールをキャッチする様子も、みていてたのしい。ダッダッダッ…左右2れつ、まん中1れつずつ。ジェットコースターの出だしのように、ミートボールがゆっくりレールをあがっていく。てっぺんからおちるミートボール、グルッとスピンして充填機が袋をさしだす。ナイスキャッチ！

ゆっくりレールをあがっていくミートボール。てっぺんまでいったらみんなでダイブ！　27ページにでてきた丸いマシン、充填機めがけておちていく。遊園地のアトラクションみたい！

手づくりの味

石井食品の工場では、いろいろな機械が活躍しているけれど、大事にしているのは「手づくりの味」。材料をこねる、粒にする、袋につめるなどの作業は、機械のパワーやスピードにまかせる。だけど人の手でできること、人にしかできないことは、人がやる。材料の新鮮さを確認する。夏、冬など季節によって、混合の時間を調節する。ミートボールの味見をする……どれも長年の経験が必要な仕事だ。機械がするのはお手伝い。はたらく人たちのまごころが、ミートボールをおいしくする。

工場を案内してくれた石井食品の社員さん。どんな質問にもこたえてくれた。「おいしくて栄養満点のミートボールをつくりたい！」あたたかくて真面目な気持ちが、ひしひしとつたわってきた。

構成・文　高山リョウ（たかやまりょう）

1972年生まれ。早稲田大学第二文学部文芸専修卒業。出版社につとめた後、ライターとして「週刊プレイボーイ」「女性自身」などの雑誌で記事を書くようになる。本の企画や構成も手がけ、2013年に『フォトえほん ひまわりと子犬の7日間』（写真・坂田智昭／ホーム社）の文と構成を手がける。子供むけの本をつくるのは、このシリーズで2回目。見たこと聞いたことを文で伝える。ライターの仕事は面白いです！

写真　富永泰弘（とみながやすひろ）

1973年宮崎県生まれ。武蔵野美術大学視覚伝達デザイン学科卒業後、写真家の飯村昭彦氏に師事。第9回新風舎平間至写真賞大賞、第2回塩竈フォトフェスティバルPHaT PHOTO賞受賞。また書家としてキリンラガービール広告やローソンおにぎり屋パッケージ文字など、多数の題字を手がける。写真家兼書家。フリーランスで活動。
（http://www.tominagayasuhiro.com）

協力　石井食品株式会社
デザイン　向井昌次（オフィス・ロー）

大接近！工場見学①
おべんとクン ミートボールの工場〈チルド食品〉

2017年2月15日　第1刷発行
2022年4月30日　第4刷発行

構成・文………高山リョウ
写真……………富永泰弘
発行者…………小松崎敬子
発行所…………株式会社岩崎書店
　　　　　　　〒112-0005　東京都文京区水道1-9-2
　　　　　　　TEL 03-3812-9131（営業）　03-3813-5526（編集）
　　　　　　　振替 00170-5-96822

印刷所…………広研印刷株式会社
製本所…………大村製本株式会社

©2017 Ryo Takayama & Yasuhiro Tominaga
Published by IWASAKI Publishing Co.,Ltd.
Printed in Japan
NDC580　ISBN978-4-265-08561-3

岩崎書店ホームページ　https://www.iwasakishoten.co.jp
ご意見、ご感想をお知らせ下さい　info@iwasakishoten.co.jp
乱丁本、落丁本は小社負担にてお取り替え致します。
本書のコピー、スキャン、デジタル化等の無断複製は著作権法上での例外を除き禁じられています。本書を代行業者等の第三者に依頼してスキャンやデジタル化することは、たとえ個人や家庭内での利用であっても一切認められておりません。朗読や読み聞かせ動画の無断での配信も著作権法で禁じられています。